Dinâmicas de leitura
para sala de aula

Dados Internacionais de Catalogação na Publicação (CIP)
(Câmara Brasileira do Livro, SP, Brasil)

R155d	Rangel, Mary Dinâmicas de leitura para sala de aula / Mary Rangel, 26. ed. – Petrópolis, RJ : Vozes, 2015. Dados biográficos da autora. 7ª reimpressão, 2025. ISBN 978-85-326-0181-0 1. Leitura – Estudo e ensino. I. Título.
89-1024	CDD-418.007 CDU-028

Dinâmicas de leitura
para sala de aula

Mary Rangel

Petrópolis

© 1989, Editora Vozes Ltda.
Rua Frei Luís, 100
25689-900 Petrópolis, RJ
www.vozes.com.br
Brasil

Todos os direitos reservados. Nenhuma parte desta obra poderá ser reproduzida ou transmitida por qualquer forma e/ou quaisquer meios (eletrônico ou mecânico, incluindo fotocópia e gravação) ou arquivada em qualquer sistema ou banco de dados sem permissão escrita da editora.

CONSELHO EDITORIAL

Diretor
Volney J. Berkenbrock

Editores
Aline dos Santos Carneiro
Edrian Josué Pasini
Marilac Loraine Oleniki
Welder Lancieri Marchini

Conselheiros
Elói Dionísio Piva
Francisco Morás
Teobaldo Heidemann
Thiago Alexandre Hayakawa

Secretário executivo
Leonardo A.R.T. dos Santos

PRODUÇÃO EDITORIAL

Aline L.R. de Barros
Anna Catharina Miranda
Eric Parrot
Jailson Scota
Marcelo Telles
Mirela de Oliveira
Natália França
Priscilla A.F. Alves
Rafael de Oliveira
Samuel Rezende
Verônica M. Guedes

Diagramação: Victor Mauricio Bello
Capa: Renan Rivero

ISBN 978-85-326-0181-0

Este livro foi composto e impresso pela Editora Vozes Ltda.

*Especialmente a vocês, Rangel e Gustavo,
pelo muito que me acrescentam em
aprendizagem e afeto.*

Sumário

Introdução, 9

Técnicas e não "tecnicismo", 15

Dinâmicas de leitura, 17

    1. Não repita a informação, 19

    2. Consegue repetir?, 21

    3. O que você diz?, 23

    4. Compare as respostas, 25

    5. Troquem as respostas, 26

    6. A resposta agora é sua, 28

    7. Atenção à pergunta e à resposta!, 30

    8. Surpresa!, 32

    9. Par ou ímpar?, 33

    10. Atenção à resposta e à opinião, 34

    11. Corrija a correção, 35

    12. Ganha a melhor correção, 36

    13. Localize a informação no texto, 38

14. Explique o que foi lido, 39

15. Explique por que é importante, 40

16. Concorda que é importante?, 41

17. Compare com a sua resposta, 43

18. Explique a sua pergunta, 45

19. Elabore novamente a pergunta, 47

20. Responda à sua pergunta, 49

21. Pergunte diferente, 50

22. Responda diferente, 52

23. Complete sem ler, 54

24. Observe as palavras iguais usadas pelos colegas, 55

25. Observe as palavras iguais às do texto, 56

26. O seu argumento é contra ou a favor?, 57

27. Observe a relação, 58

28. Identificou corretamente?, 60

29. Qual o significado da cor?, 61

30. Acrescente um parágrafo ao texto, 62

31. Acrescentou as mesmas ideias?, 63

32. Procure o trecho semelhante, 64

33. Qual é o trecho oposto?, 65

34. Qual a ideia oposta?, 66

35. As ideias se complementam?, 67

36. O que diz a realidade?, 69

37. Tarefas articuladas, 70

Introdução

Ler é uma prática *básica essencial* para aprender.
O ato de ler admite, hoje, várias considerações; entre elas, as que se apresentam em seguida:

1. *Nada* – equipamento algum – *substitui a leitura*. Mesmo numa época em que proliferam os recursos audiovisuais e as "máquinas" ou "mecanismos" de ensinar (embora estejam ao alcance de poucas, bem poucas, escolas), mesmo numa época em que a informática se impõe com todo o seu poder econômico e processual, pode-se (re)afirmar: *Nada* – equipamento algum – substitui a leitura.

2. A leitura nem sempre é um ato *agradável*, nem sempre é um *prazer*. A ideia da leitura como "obrigatoriamente agradável, associada à ideia de ler – sempre – com *prazer*, estiveram presentes, por muito tempo, em nossas orientações acadêmicas.

Em certos momentos, sentíamo-nos até desconfortáveis, constrangidos, por não termos alcançado aquele *prazer* de ler, aquele "estágio evoluído", aquela *atitude* peculiar a quem "ascendeu" intelectualmente: – aqueles "estágio" e "atitude" próprios, enfim, de uma "elite intelectual".

Entretanto, assumindo a realidade – e a percepção da realidade, embora, em certos casos, pareça óbvia, *não o é* – chega-se à constatação de que ler *nem sempre é agradável*, seja pelo conteúdo, seja pela forma do texto, seja pelas habilidades requeridas (atenção, concentração, acuidade, perseverança etc.), seja pelo nosso momento pessoal (emocional), seja pelos interesses que nos motivam, nem sempre atendidos pelo texto etc.

Assim, muitas vezes, é natural que nos sintamos desanimados com algumas leituras, e que custemos a iniciá-las, ou que, iniciando, queiramos interrompê-las, com a proposta de fazê-lo por "pouco tempo"; na verdade, "o pouco tempo" se estende, com a "desculpa" de "só mais um pouquinho..." e, se e quando chegamos ao fim, a sensação é de "alívio": – "missão (árdua) cumprida..."!

Se sentimo-nos "culpados" por sensações tão "inadequadas" diante da leitura, uma reavaliação com mais critérios de realidade levará a compreender que a *obrigação* de ter prazer com a leitura é um dos tantos preconceitos, ou uma das tantas idealizações que orientam o nosso comportamento.

É claro que a leitura poderá ser agradável e, em muitos casos, o é; a análise feita anteriormente procura explicar, apenas, que é *possível* que não seja e que *nem sempre é.*

Contudo, agradável ou não, prazerosa ou não, confortável ou não, *é necessária, é indispensável,* quando se trata de aprendizagem, e aprendizagem em qualquer nível, ou seja, do Ensino Fundamental à pós-graduação, e em qualquer circunstância, ou seja, na escola ou fora dela, em grupo ou só.

A leitura é parte essencial do trabalho, do empenho, da perseverança, da dedicação em aprender.

3. Voltando à questão das habilidades – além do domínio da linguagem, além da atenção, da concentração etc. – e considerando, também, o *hábito de ler*, decorrente do exercício (da prática) vemo-nos diante de nossos alunos, em várias idades: crianças, pré-adolescentes, adultos: e, diante desses alunos, um outro aspecto da realidade: – nem todos, ainda, adquiriram habilidades necessárias à leitura e nem todos incorporaram o hábito de ler. É então, nesse momento, que podemos recorrer a estímulos e, entre eles, se encontram as *Dinâmicas de leitura*, na forma como as que se apresentam neste livro.

4. As Dinâmicas de grupo – entre as quais se inscrevem as Dinâmicas de leitura – encontram, normalmente, algumas dificuldades de aplicação em sala de aula; por exemplo:

– Dificuldades de espaço: salas pequenas, pouca ou nenhuma possibilidade de aproximar ou reagrupar carteiras etc.;

– Dificuldades de móveis: carteiras individuais, pequenas mesas acopladas a cadeiras, ou cadeiras e mesas, cujos formatos não são favoráveis a reagrupamentos etc.;

– Dificuldades quanto ao número de alunos em sala: – muitos alunos (de 40 a 50, comumente), o que representa *muitos* para orientar; para reagrupar, para discutirem, para se manterem atentos, interessados, para se evitar o barulho, a dispersão etc.

Esses três tipos de dificuldades são, normalmente, *concomitantes*: a escassez do espaço, a inadequação dos móveis, o excesso de alunos. A concomitância desses aspectos, é claro, *aumenta* as dificuldades de aplicação de Dinâmicas de grupo. E é então (mais uma vez) neste momento que podemos recorrer às *Dinâmicas de leitura*, em formas como as que se apresentam neste livro.

Quando dizemos "em formas como as que se apresentam neste livro", estamos nos referindo a formas que não requerem reagrupamentos de alunos, ou condições especiais de salas ou móveis, ou posições de carteiras diferentes das que, comumente, se organizam em sala de aula.

Essas formas de Dinâmicas de leitura são próprias para: a) qualquer tipo de espaço em sala de aula; b) qualquer tipo de móvel; c) qualquer número de alunos; d) todos os graus de ensino e e) o estudo de qualquer disciplina.

5. Quanto aos graus de ensino – 1º, 2º ou 3º – o que pode variar *não* são os procedimentos indicados em cada dinâmica, mas apenas: a) o nível do texto; b) o nível, os detalhes de explicação dos procedimentos pelo professor; c) o nível de elaboração de ideias pelos alunos.

6. O que se pretende com *Dinâmicas de leitura para sala de aula* é: a) estimular a prática da leitura em sala de aula; b) auxiliar o desenvolvimento de habilidades de atenção e observação; c) incentivar a organização e a expressão de ideias; d) estimular o aumento e a fixação de vocabulário; e) incentivar a criatividade; f) diversificar atividades de ensino e aprendizagem.

Assim, oferecemos este livro aos professores, desejando que os auxilie no cotidiano de seu trabalho com os alunos.

Técnicas e não "tecnicismo"

Não se trata de "tecnicismo", mas sim de técnicas.

As Dinâmicas de leitura são *técnicas* e, como tais, são *procedimentos de trabalho*.

Percebem-se as dinâmicas enquanto procedimentos de trabalho, como elementos que auxiliam a competência do professor, assim como percebe-se a competência do professor como parte do seu compromisso histórico, social, político. É desta forma, portanto, que se entende o uso das *técnicas* e, entre elas, as Dinâmicas de leitura.

As Dinâmicas de leitura, reafirmamos, são utilizadas para auxiliar e para fixar a aprendizagem, para introduzir elementos que *estimulem* o trabalho de ler e aprender, para incentivar habilidades necessárias ao estudo (observação, organização e expressão de ideias etc.), para diversificar atividades em todos os graus de ensino e em *qualquer disciplina*. Deste modo, as dinâmicas se apresentam como recursos auxiliares a um bom desempenho docente, e um bom desempenho docente é o que se espera do *Cidadão* professor.

A ideia de *Cidadão* implica na ideia de *direitos e deveres* políticos; a ideia de *política* implica na de pensar e agir no interesse coletivo.

O *Cidadão professor*, o *Educador profissional* recorre às técnicas e as utiliza a partir de *valores*, ou seja, ele não as usa mecanicamente, assim como não as percebe como um "fim em si mesmas".

O "estigma" da técnica enquanto componente do "tecnicismo" decorre do "estigma" da escola, enquanto instância, inevitavelmente, reprodutora de desigualdades sociais. Esta é uma perspectiva derivada das teorias crítico-reprodutivistas, que hoje se procura superar pela recuperação do crédito nas escolas e pela proposta da competência técnica, aliada ao dever político. É também neste sentido que se pensa o professor como *educador* e como *profissional*.

E é como *educador* e como *profissional* que o professor pode usar as Dinâmicas de leitura, que se colocam à sua disposição como *recursos* ao trabalho *competente*.

Dinâmicas de leitura

Esclarecimentos iniciais quanto à prática

As dinâmicas de leitura consistem em *mobilizar* os alunos para a leitura de textos de estudo, em qualquer disciplina e grau de ensino, indicando tarefas que serão realizadas após a leitura.

Embora as dinâmicas se realizem após a leitura, devem ser explicadas antes, para que funcionem como *estímulo* a que a leitura seja feita com mais atenção e interesse. A única Dinâmica que não deverá ser explicada antecipadamente é a de número 8: – "Surpresa!"

Ao explicar a Dinâmica que será feita após a leitura do texto, o professor indicará os *procedimentos*, mas não os alunos que participarão; assim, *todos* deverão estar preparados, para o caso de serem escolhidos, o que faz com que o interesse em ler com atenção seja, portanto, *geral*.

Devido a uma certa "ansiedade" pelo envolvimento em tarefas (o que acontece, também, com Jogos didáticos, aos quais as Dinâmicas de leitura se assemelham), é comum que, numa primeira vez, alguns alunos digam que não entenderam a explicação do professor sobre a Dinâmica que será feita; neste caso, o professor poderá dizer, apenas, que a compreensão se dará com a prática. A partir da segunda vez da aplicação de uma mesma Dinâmica, o clima de "ansiedade" se desfaz, especialmente porque todas as dinâmicas têm *procedimentos simples*.

Todas as dinâmicas sugeridas neste livro foram experimentadas com alunos do 1º, 2º e 3º graus, em diversas disciplinas.

Esclarecemos, mais uma vez, que as dinâmicas se realizam após a leitura do texto de estudo por todos os alunos, embora a sua explicação (com exceção da de número 8) se dê antes da leitura.

Vamos, a seguir, apresentar as *Dinâmicas de leitura*, introduzindo-as numa sequência numerada de 1 a 37.

Não repita a informação

a) O professor solicita que cada aluno da turma *fale uma informação do texto*.

b) O professor esclarece que as informações não poderão se repetir; assim, na sequência da apresentação de informações pelos alunos, cada um deverá falar uma *nova* informação do texto, ou seja, uma *informação diferente* das apresentadas, anteriormente, pelos colegas.

▶ Observações

1ª) Considerando que, nesta dinâmica, a informação dada por cada aluno deverá ser diferente da dos colegas que falaram anteriormente, caso o professor observe que, num dado momento, fica difícil aos alunos apresentarem *uma nova informação*, ele poderá *encerrar* a dinâmica.

2ª) O professor poderá fazer comentários sobre as informações apresentadas.

3ª) Professor e alunos poderão comentar a experiência, observando contribuições à aprendizagem e manifestando percepções pessoais.

2

Consegue repetir?

a) O professor faz perguntas sobre o texto a um aluno; o número de perguntas poderá ser de duas a quatro, e o aluno responderá oralmente, à medida em que forem sendo formuladas.

b) O professor solicita a outro aluno que *repita* as perguntas formuladas pelo professor e as respostas do colega. Este aluno poderá, também (a critério do professor), fazer, ao final, um comentário, uma apreciação pessoal, seja quanto ao *conteúdo*, seja quanto à *forma* (clareza, objetividade etc.) de expressão das respostas.

▶ Observações

1ª) Dependendo do professor e do tipo de texto e questões (dependendo, enfim, das circunstâncias) o professor poderá apresentar mais de quatro perguntas.

2ª) Oprofessor poderá dar continuidade a toda a Dinâmica, apresentando outras perguntas.

3ª) Professor e alunos poderão comentar a experiência, observando contribuições à aprendizagem e manifestando percepções pessoais.

O que você diz?

a) O professor solicita a um aluno que complete, livremente, com suas ideias, a frase: "O que o texto me diz:...".

b) O professor solicita a um segundo aluno que complete, livremente, com suas ideias, a frase: "O que eu digo ao texto:...".

c) O professor solicita a um terceiro aluno que, dirigindo-se aos colegas anteriores, complete, livremente, com suas ideias, a frase: "O que eu digo aos meus colegas:...".

▶ **Observações**

1ª) A Dinâmica poderá ter continuidade com novos alunos completando as frases.

2ª) A etapa *c*, especialmente, estimula a *criatividade* do aluno.

3ª) Professor e alunos poderão comentar a experiência, observando contribuições à aprendizagem e manifestando percepções pessoais.

Compare as respostas

a) O professor apresenta questões sobre o texto, a serem respondidas, individualmente, por escrito.

b) O professor solicita a *dois* alunos que leiam, em voz alta, as suas respostas.

c) O professor solicita a um terceiro aluno que aponte os elementos (ideias, informações) *comuns* e os *diferentes* nas respostas dos dois colegas.

▶ Observações

1ª) O professor poderá dar continuidade às etapas *b* e *c*, com as mesmas questões, ou a toda a dinâmica, apresentando outras questões.

2ª) Professor e alunos poderão comentar a experiência, observando contribuições à aprendizagem e manifestando percepções pessoais.

5

Troquem as respostas

a) O professor apresenta questões sobre o texto, a serem respondidas, *por escrito*, após discussão pelos alunos, *em dupla*.

b) Após as respostas, o professor solicita que as duplas que estejam próximas *troquem* os cadernos (ou folhas) em que responderam.

c) O professor indica as duplas que irão apresentar (ler, ou explicar, ou comentar) as respostas que receberam dos colegas, após a troca.

▶ **Observações**

1ª) As duplas serão formadas, naturalmente, pelos alunos que estiverem próximos.

2ª) Caberá ao professor, na etapa *c*, indicar apenas a leitura, ou também a explicação ou o comentário (crítica, apreciação pessoal) das respostas.

3ª) O professor poderá comentar as respostas apresentadas pelos alunos.

4ª) As etapas *b* e *c* poderão ter continuidade.

5ª) Professor e alunos poderão comentar a experiência, observando contribuições à aprendizagem e manifestando percepções pessoais.

6

A resposta agora é sua

a) O professor apresenta uma *questão* sobre o texto, a ser respondida, *por escrito*, após discussão pelos alunos, *em dupla*.

b) Após as respostas, o professor solicita que as duplas que estejam próximas *troquem* os cadernos (ou folhas) em que responderam.

c) O professor solicita a *uma dupla* que leia a resposta que recebeu dos colegas, após a troca.

d) O professor solicita a uma *outra dupla* que apresente um argumento *contra* a resposta apresentada na etapa *c*.

e) A dupla que apresentou a resposta deve defendê-la, ou seja, argumentar a *favor* (assumindo, portanto, a resposta como sua).

▶ Observações

1ª) Os argumentos contra e a *favor* da resposta, apresentados nas etapas *d* e *e*, estimulam especialmente a *criatividade* dos alunos. O argumento *contra* poderá ser um comentário (uma apreciação) que aponte falhas relativas ao conteúdo ou à forma de elaboração da resposta.

2ª) O professor poderá comentar a resposta e os argumentos discutidos.

3ª) O professor poderá dar continuidade a toda a dinâmica, apresentando outra questão.

4ª) Professor e alunos poderão comentar a experiência, observando contribuições à aprendizagem e manifestando percepções pessoais.

7

Atenção à pergunta e à resposta!

a) O professor indica um aluno para:

a.1) elaborar uma *pergunta* sobre o texto;

a.2) indicar um colega para *responder* a esta pergunta.

b) O colega indicado pelo aluno *responde* à pergunta.

c) O professor solicita a um terceiro aluno que *repita* a pergunta e a resposta dos colegas anteriores, fazendo, ao final, um comentário, uma apreciação pessoal sobre a formulação da *pergunta*, quanto à clareza, ou quanto à importância, e sobre a formulação da *resposta*, quanto à correção ou quanto à forma de expressão.

▶ Observações

1ª) A dinâmica poderá ter continuidade, com a elaboração de uma nova pergunta.

2ª) O professor poderá comentar a pergunta, a resposta e a apreciação de ambas.

3ª) Professor e alunos poderão comentar a experiência, observando contribuições à aprendizagem e manifestando percepções pessoais.

8

Surpresa!

a) O professor indica um aluno para:

a.1) elaborar uma pergunta sobre o texto;

a.2) indicar um colega para responder a esta pergunta.

b) Surpresa – O professor diz que o próprio aluno que elaborou a pergunta deverá respondê-la.

▶ Observações

1ª) O professor poderá dar continuidade à dinâmica alternando a "surpresa" (ou seja, a resposta dada pelo próprio aluno que elaborou a pergunta) com a resposta na forma indicada pelo aluno (ou seja, a resposta dada pelo colega indicado pelo aluno que elaborou a pergunta).

2ª) Professor e alunos poderão comentar a experiência, observando contribuições à aprendizagem e manifestando percepções pessoais.

9

Par ou ímpar?

a) O professor prepara papeletas numeradas de 1 a 10.

b) O professor solicita a alguns alunos que sorteiem as papeletas.

c) Caso o aluno sorteie uma papeleta com número par, deverá elaborar uma pergunta ou exercício sobre o texto e respondê-los.

Caso o aluno sorteie uma papeleta com número ímpar, deverá elaborar uma pergunta ou exercício sobre o texto e indicar um colega, que irá respondê-los.

▶ Observações

1ª) A dinâmica poderá ter continuidade com novos sorteios.

2ª) Professor e alunos poderão comentar a experiência, observando contribuições à aprendizagem e manifestando percepções pessoais.

10

Atenção à resposta e à opinião

a) O professor faz uma pergunta sobre o texto e solicita a um aluno que a responda.

b) O professor solicita a um segundo aluno que diga se concorda ou não com a resposta do colega e por quê.

c) O professor solicita a um terceiro aluno que:

c.1) repita a resposta do primeiro colega e a opinião do segundo;

c.2) diga se concorda ou não com a opinião do segundo colega e por quê.

▶ Observações

1ª) A dinâmica poderá ter continuidade com uma nova pergunta.

2ª) Professor e alunos poderão comentar a experiência, observando contribuições à aprendizagem e manifestando percepções pessoais.

Corrija a correção

a) O professor faz uma pergunta sobre o texto e solicita a um aluno que a responda.

b) O professor solicita a um segundo aluno que diga (expressando-se, apenas, com *sim* ou *não*) se a resposta do colega está ou não correta.

c) O professor solicita a um terceiro aluno que diga se a *correção da resposta* feita pelo colega (o segundo aluno) está ou não certa e por quê?

▶ **Observações**

1ª) A dinâmica poderá ter continuidade com uma nova pergunta.

2ª) Professor e alunos poderão comentar a experiência, observando contribuições à aprendizagem e manifestando percepções pessoais.

12

Ganha a melhor correção

a) O professor explica que cada fileira de alunos constitui um grupo, atribuindo um número ou letra de identificação a cada uma.

b) O professor solicita que todos os alunos respondam as questões sobre o texto, por escrito, numa papeleta.

c) O professor indica, em cada grupo, um aluno para exercer a função de *corrigir* as respostas dos colegas, escrevendo *certo* ou *errado* em cada papeleta.

d) O professor solicita aos alunos que corrigiram que leiam *as respostas* e a *correção feita*;

e) O professor atribuirá pontos às *correções feitas de maneira certa*, ganhando o grupo que fizer maior número de pontos.

▶ Observações

1ª) Para que a leitura das respostas pelos alunos que fizeram a sua correção não se torne excessivamente repetitiva, o professor poderá variar as questões entre os diversos grupos.

2ª) A dinâmica poderá ter continuidade com novas questões.

3ª) Professor e alunos poderão comentar a experiência, observando contribuições à aprendizagem e manifestando percepções pessoais.

13

Localize a informação no texto

a) O professor solicita a um aluno que fale, *sem consultar o texto lido*, uma ideia ou informação que tenha considerado significativa.

b) O professor solicita a outro aluno que, consultando o texto, escolha e *leia o trecho* que, na sua opinião, melhor expresse (de maneira mais clara e direta) a ideia ou informação apresentada pelo colega.

▶ Observações

1ª) A dinâmica poderá ter continuidade com a solicitação de uma nova ideia ou informação.

2ª) Professor e alunos poderão comentar a experiência, observando contribuições à aprendizagem e manifestando percepções pessoais.

Explique o que foi lido

a) O professor solicita a um aluno que, consultando o texto lido, escolha *um trecho* e leia em voz alta.

b) O professor solicita a um segundo aluno que, sem recorrer à leitura do texto, explique, da maneira mais clara possível, as ideias ou informações do trecho lido pelo colega. Este aluno, se quiser, poderá, também, usar exemplos ou escrever esquemas no quadro de giz, ou fazer desenhos de figuras ou sinais, ou, ainda, usar objetos como apoio à sua explicação.

▶ **Observações**

1ª) A dinâmica poderá ter continuidade com a leitura de um novo trecho.

2ª) Professor e alunos poderão comentar a experiência, observando contribuições à aprendizagem e manifestando percepções pessoais.

15

Explique por que é importante

a) O professor solicita a um aluno que destaque, no texto, uma informação que julgou importante e fale à turma.

b) O professor solicita a um segundo aluno que explique por que, na sua opinião, a informação destacada pelo colega é importante.

c) O professor solicita ao primeiro aluno que diga se a explicação do colega correspondeu, ou não, à importância que ele atribuiu à informação, e por quê.

▶ **Observações**

1ª) A dinâmica poderá ter continuidade, com o destaque de uma nova informação.

2ª) Professor e alunos poderão comentar a experiência, observando contribuições à aprendizagem e manifestando percepções pessoais.

16

Concorda que é importante?

a) O professor solicita que todos os alunos escrevam, numa papeleta, uma informação que julgaram importante no texto, explicando o motivo.

b) O professor recolhe as papeletas, dobra-as e mistura-as.

c) O professor solicita a alguns alunos que *sorteiem*, cada um, uma papeleta, leiam a resposta (a informação importante e o motivo) e digam se concordam ou não com o colega e por quê.

▶ **Observações**

1ª) Caso o aluno sorteie a sua própria resposta, ele poderá explicá-la ou comentá-la.

2ª) A dinâmica poderá ter continuidade com sorteios de novas respostas.

3ª) Professor e alunos poderão comentar a experiência, observando contribuições à aprendizagem e manifestando percepções pessoais.

Compare com a sua resposta

a) O professor destaca uma informação importante do texto e solicita aos alunos que escrevam, numa papeleta, o que, na sua opinião, seria o *motivo* de sua importância.

b) O professor recolhe as papeletas, dobra-as e mistura-as.

c) O professor solicita a alguns alunos que *sorteiem*, cada um, uma papeleta, leiam a resposta (o motivo da importância da informação destacada pelo professor) e comparem com a sua própria resposta, ou seja, digam os possíveis elementos semelhantes e os diferentes.

▶ Observações

1ª) Caso o aluno sorteie a sua própria resposta, ele poderá explicá-la ou comentá-la.

2ª) A dinâmica poderá ter continuidade com o destaque de uma nova informação, pelo professor.

3ª) Professor e alunos poderão comentar a experiência, observando contribuições à aprendizagem e manifestando percepções pessoais.

Explique a sua pergunta

a) O professor solicita a todos os alunos que elaborem uma pergunta sobre o texto e escrevam a *resposta* (e não a pergunta) numa papeleta.

b) O professor recolhe as papeletas, dobra-as e mistura-as.

c) O professor solicita que um aluno *sorteie* uma das papeletas e leia a resposta; em seguida, o colega que a escreveu deverá levantar-se e *explicar* a pergunta correspondente à resposta sorteada. A explicação poderá conter o *como* e o *porquê* da elaboração da pergunta.

▶ Observações

1ª) Caso o aluno sorteie a própria resposta, ele mesmo explicará a pergunta que elaborou.

2ª) Havendo coincidência de perguntas e respostas, todos os alunos que elaboraram a mesma pergunta e escreveram a mesma resposta poderão falar a pergunta e comentar por que e elaboraram.

3ª) A dinâmica poderá ter continuidade com a elaboração de uma nova pergunta.

4ª) Professor e alunos poderão comentar a experiência, observando contribuições à aprendizagem e manifestando percepções pessoais.

Elabore novamente a pergunta

a) O professor solicita a todos os alunos que elaborem uma pergunta sobre o texto e escrevam a *resposta* (e não a pergunta) numa papeleta.

b) O professor recolhe as papeletas, dobra-as e mistura-as.

c) O professor solicita que um aluno *sorteie* uma das papeletas, leia a resposta e diga (à sua maneira) o que lhe parece ser a pergunta correspondente.

d) O professor solicita ao aluno cuja resposta foi sorteada que diga se elaborou a pergunta da mesma forma apresentada pelo colega que sorteou a resposta.

▶ Observações

1ª) Caso o aluno sorteie a resposta da própria pergunta, ele deverá explicá-la: dizer como e por que a elaborou.

2ª) Havendo coincidência de perguntas e respostas, todos os alunos que se incluem neste caso poderão participar da etapa *d*.

3ª) A dinâmica poderá ter continuidade com um novo sorteio.

4ª) Professor e alunos poderão comentar a experiência, observando contribuições à aprendizagem e manifestando percepções pessoais.

Responda à sua pergunta

a) O professor solicita a todos os alunos que elaborem e escrevam numa papeleta uma pergunta sobre o texto.

b) O professor recolhe as papeletas, dobra-as e mistura-as.

c) O professor solicita que um aluno sorteie uma das papeletas e leia a pergunta; em seguida, o colega que a escreveu deverá levantar-se e respondê-la.

▶ Observações

1ª) Caso o aluno sorteie a própria pergunta, ele mesmo deverá respondê-la.

2ª) A dinâmica poderá ter continuidade com um novo sorteio.

3ª) Professor e alunos poderão comentar a experiência, observando contribuições à aprendizagem e manifestando percepções pessoais.

Pergunte diferente

a) O professor solicita a um aluno que elabore uma pergunta sobre o texto.

b) O professor solicita a outro aluno que formule a *mesma* pergunta, de uma *outra maneira*.

Esta outra maneira de formular a pergunta poderá ser:

b.1) substituindo palavras por outras, que poderão ser sinônimas, ou não;

b.2) invertendo a ordem das palavras;

b.3) falando com uma entonação especial de voz;

b.4) expressando a pergunta por gestos;

b.5) expressando a pergunta por desenhos e sinais, ou por objetos etc. O aluno usará, então, a sua *criatividade*.

c) O professor solicita a um terceiro aluno que:

c.1) diga qual das duas formulações da pergunta prefere e por quê;

c.2) responda à pergunta.

▶ Observações

1ª) O professor poderá comentar as duas formulações da pergunta, a resposta e, também, a preferência manifestada pelo aluno que respondeu.

2ª) A dinâmica poderá ter continuidade com a elaboração de uma nova pergunta.

3ª) Professor e alunos poderão comentar a experiência, observando contribuições à aprendizagem e manifestando percepções pessoais.

22

Responda diferente

a) O professor solicita a um aluno que elabore uma pergunta sobre o texto.

b) O professor solicita a outro aluno que *responda* à pergunta feita pelo colega.

c) O professor solicita a um terceiro aluno que responda à *mesma* pergunta de *uma outra maneira.*

Esta outra maneira poderá ser:

c.1) com outras informações;

c.2) substituindo palavras por outras, que poderão ser sinônimas, ou não;

c.3) invertendo a ordem das palavras;

c.4) falando com uma entonação especial de voz;

c.5) expressando a resposta por gestos;

c.6) expressando a resposta por desenhos e sinais, ou por figuras etc. O aluno usará, então, a sua *criatividade.*

d) O professor solicita ao primeiro aluno (que elaborou a pergunta) que diga qual das duas formulações da resposta prefere e por quê.

▶ Observações

1ª) O professor poderá comentar a pergunta, as duas formulações da resposta e, também, a preferência manifestada pelo aluno que elaborou a pergunta.

2ª) A dinâmica poderá ter continuidade com a elaboração de uma nova pergunta.

3ª) Professor e alunos poderão comentar a experiência, observando contribuições à aprendizagem e manifestando percepções pessoais.

23

Complete sem ler

a) O professor solicita a um aluno que escolha um parágrafo do texto e o leia até a metade.

b) O professor solicita a um segundo aluno que localize este parágrafo no texto e *complete* as informações, sem *recorrer à leitura*, ou seja, usando suas próprias palavras.

▶ **Observações**

1ª) A dinâmica poderá ter continuidade com a escolha de um novo parágrafo, por um outro aluno.

2ª) Professor e alunos poderão comentar a experiência, observando contribuições à aprendizagem e manifestando percepções pessoais.

Observe as palavras iguais usadas pelos colegas

a) O professor destaca e lê um trecho do texto.

b) O professor indica *dois alunos* para que expliquem ou comentem este trecho, usando suas próprias palavras.

c) O professor solicita a um terceiro aluno que aponte as *palavras iguais usadas pelos dois colegas*.

▶ Observações

1ª) A dinâmica poderá ter continuidade com a leitura de um novo trecho do texto, pelo professor.

2ª) No caso desta dinâmica, o aluno observa *repetição de palavras* entre as usadas pelos colegas.

3ª) Professor e alunos poderão comentar a experiência, observando contribuições à aprendizagem e manifestando percepções pessoais.

25

Observe as palavras iguais às do texto

a) O professor destaca e lê um trecho do texto.

b) O professor indica dois alunos para que expliquem ou comentem este trecho, usando suas próprias palavras.

c) O professor solicita a um terceiro aluno que aponte as *palavras* iguais às do *texto* usadas pelos dois colegas.

▶ **Observações**

1ª) A dinâmica poderá ter continuidade com a leitura de um novo trecho pelo professor.

2ª) No caso desta dinâmica, o aluno observa *repetição de palavras* entre as usadas pelos colegas e as do texto.

3ª) Professor e alunos poderão comentar a experiência, observando contribuições à aprendizagem e manifestando percepções pessoais.

26

O seu argumento é contra ou a favor?

a) O professor solicita a um aluno que diga um argumento *a favor* do texto.

b) O professor solicita a um segundo aluno que diga um argumento *contra* o texto.

c) O professor solicita a um terceiro aluno que diga com qual dos dois colegas concorda e por quê.

▶ **Observações**

1ª) A dinâmica poderá ter continuidade com a solicitação de novos argumentos.

2ª) O professor poderá comentar os argumentos apresentados.

3ª) Professor e alunos poderão comentar a experiência, observando contribuições à aprendizagem e manifestando percepções pessoais.

Observe a relação

a) O professor solicita a um aluno que explique a introdução do texto.

b) O professor solicita a um segundo aluno que explique a conclusão do texto.

c) O professor solicita a um terceiro aluno que diga se houve ou não relação entre a introdução e a conclusão, *na forma explicada pelos colegas*, e por quê.

▶ Observações

1ª) A dinâmica poderá ter continuidade com a solicitação de que os alunos expliquem a introdução e a conclusão do texto de *uma outra forma*, seja usando outras palavras, seja fazendo comentários pessoais sobre as ideias, seja observando aspectos diferentes dos abordados pelos colegas.

2ª) Professor e alunos poderão comentar a experiência, observando contribuições à aprendizagem e manifestando percepções pessoais.

28

Identificou corretamente?

a) O professor solicita a um aluno que diga um *exemplo* relacionado a uma parte do texto.

b) O professor solicita a um segundo aluno que identifique e *leia* a parte do texto à qual o exemplo corresponde.

c) O professor solicita ao primeiro aluno que diga se a identificação do colega está correta.

▶ Observações

1ª) A dinâmica poderá ter continuidade com a solicitação de um novo exemplo.

2ª) Professor e alunos poderão comentar a experiência, observando contribuições à aprendizagem e manifestando percepções pessoais.

Qual o significado da cor?

a) O professor solicita a um aluno que atribua uma cor à mensagem do texto.

b) O professor solicita a um segundo aluno que identifique o significado desta cor, em relação à mensagem do texto.

c) O professor solicita ao primeiro aluno que diga se a identificação do colega está correta, e por quê.

▶ Observações

1ª) A dinâmica poderá ter continuidade com a atribuição, por um outro aluno, de uma nova cor à mensagem do texto.

2ª) Professor e alunos poderão comentar a experiência, observando contribuições à aprendizagem e manifestando percepções pessoais.

30

Acrescente um parágrafo ao texto

a) O professor solicita a todos os alunos que acrescentem um parágrafo ao texto, escrevendo-o, de acordo com suas próprias ideias.

b) O professor solicita a um aluno que leia (em voz alta) o parágrafo que acrescentou ao texto.

c) O professor solicita a um segundo aluno que diga se o seu parágrafo se aproxima ou difere do elaborado pelo colega e por quê.

▶ Observações

1ª) A dinâmica poderá ter continuidade com a leitura, por outro aluno, do parágrafo acrescentado ao texto.

2ª) Professor e alunos poderão comentar a experiência, observando contribuições à aprendizagem e manifestando percepções pessoais.

Acrescentou as mesmas ideias?

a) O professor solicita a todos os alunos que acrescentem um parágrafo ao texto, escrevendo-o, de acordo com suas próprias ideias.

b) O professor solicita a um aluno que leia (em voz alta) o parágrafo que acrescentou ao texto.

c) O professor solicita que os alunos cujos parágrafos apresentam ideias semelhantes às dos colegas também os leiam em voz alta.

▶ Observações

1ª) A dinâmica poderá ter continuidade com a leitura, por outro aluno, do parágrafo acrescentado ao texto.

2ª) Professor e alunos poderão comentar a experiência, observando contribuições à aprendizagem e manifestando percepções pessoais.

32

Procure o trecho semelhante

a) O professor solicita a um aluno que indique dois trechos do texto que apresentam ideias semelhantes ou aproximadas.

b) O professor solicita a um segundo aluno que indique um *terceiro trecho* cujas ideias ou informações se assemelhem ou se aproximem às dos trechos indicados pelo colega.

▶ Observações

1ª) A dinâmica poderá ter continuidade com a indicação, por outro aluno, de novos trechos que apresentem ideias semelhantes ou aproximadas.

2ª) Professor e alunos poderão comentar a experiência, observando contribuições à aprendizagem e manifestando percepções pessoais.

Qual é o trecho oposto?

a) O professor solicita a um aluno que escolha um trecho do texto e o reescreva, de modo a apresentar ideias ou informações *inteiramente opostas*; esse aluno fará a leitura, em voz alta, do parágrafo reescrito.

b) O professor solicita a um segundo aluno que identifique a que trecho do texto a redação do colega corresponde.

▶ Observações

1ª) A dinâmica poderá ter continuidade com a redação, por um outro aluno, de um novo trecho, com ideias ou informações opostas.

2ª) Professor e alunos poderão comentar a experiência, observando contribuições à aprendizagem e manifestando percepções pessoais.

34

Qual a ideia oposta?

a) O professor solicita a um aluno que explique uma ideia ou uma informação do texto.

b) O professor solicita a um segundo aluno que diga que ideia ou informação seria oposta à apresentada pelo colega.

▶ **Observações**

1ª) A dinâmica poderá ter continuidade com a explicação, por outro aluno, de uma outra ideia ou informação do texto.

2ª) Professor e alunos poderão comentar a experiência, observando contribuições à aprendizagem e manifestando percepções pessoais.

As ideias se complementam?

a) O professor solicita a um aluno que diga, de acordo com sua opinião, uma *ideia ou informação que seja central, ou relevante* no texto.

b) O professor solicita a um segundo aluno que diga uma ideia ou informação do texto que, na sua opinião, seja complementar à ideia central (ou relevante) indicada pelo colega.

c) O professor solicita a um terceiro aluno que diga se *há relação* entre a ideia ou informação central e a complementar, na forma indicada pelos dois colegas anteriores.

▶ **Observações**

1ª) A dinâmica poderá ter continuidade com a indicação, por outros alunos, de outra ideia ou informação relevante e outra complementar.

2ª) Professor e alunos poderão comentar a experiência, observando contribuições à aprendizagem e manifestando percepções pessoais.

36

O que diz a realidade?

a) O professor solicita a um aluno que destaque uma informação que considere importante no texto.

b) O professor solicita a um segundo aluno que diga se a informação destacada pelo colega corresponde ou não a fatos da realidade e por quê.

▶ Observações

1ª) A dinâmica poderá ter continuidade com o destaque, por outro aluno, de uma outra informação que considere importante.

2ª) Professor e alunos poderão comentar a experiência, observando contribuições à aprendizagem e manifestando percepções pessoais.

Tarefas articuladas

a) O professor solicita a um aluno que elabore uma pergunta sobre o texto.

b) O professor solicita a um segundo aluno que responda à pergunta elaborada pelo colega.

c) O professor solicita a um terceiro aluno que repita a resposta dada pelo colega.

d) O professor solicita a um quarto aluno que diga:

d.1) se o terceiro aluno repetiu corretamente a resposta dada pelo segundo aluno;

d.2) se concorda ou não com a resposta.

e) O professor solicita a um quinto aluno que diga que ideias ou informações seriam *opostas* àquelas que foram respondidas pelo segundo aluno.

Conecte-se conosco:

- **f** facebook.com/editoravozes
- ⓘ @editoravozes
- 𝕏 @editora_vozes
- ▶ youtube.com/editoravozes
- ☎ +55 24 2233-9033

www.vozes.com.br

Conheça nossas lojas:

www.livrariavozes.com.br

Belo Horizonte – Brasília – Campinas – Cuiabá – Curitiba
Fortaleza – Juiz de Fora – Petrópolis – Recife – São Paulo

EDITORA VOZES LTDA.
Rua Frei Luís, 100 – Centro – Cep 25689-900 – Petrópolis, RJ
Tel.: (24) 2233-9000 – E-mail: vendas@vozes.com.br